AF232860

LE PEUPLE

CAPITALISTE et COMMERÇANT

ou

RÉGÉNÉRATION DE L'INDUSTRIE FRANÇAISE

PAR L'ASSOCIATION DES PRODUCTEURS,

ORGANISATION DU TRAVAIL,

Par le citoyen C.-M. SARGNON,

Teneur de livres expert, Arbitre de commerce à Lyon.

Prix : 30 centimes.

EN VENTE :

CHEZ LES PRINCIPAUX LIBRAIRES.

ET CHEZ L'AUTEUR,

Avenue Duguesclin, 3, an 1ᵉʳ, au bout du cours Morand (Brotteaux).

—

1848.

LE PEUPLE

CAPITALISTE ET COMMERÇANT

ou

RÉGÉNÉRATION DE L'INDUSTRIE FRANÇAISE

Par l'association des Producteurs.

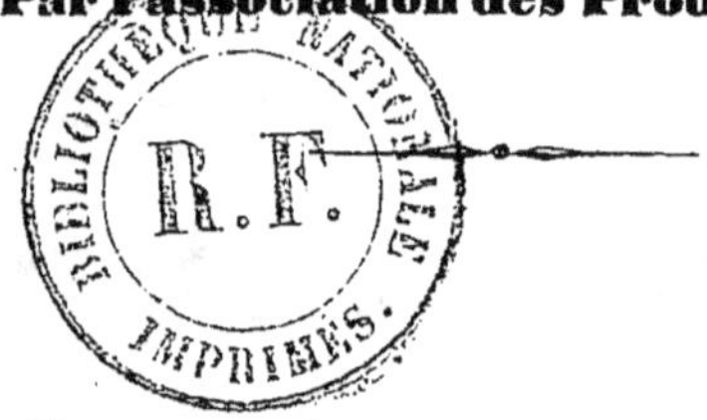
BIBLIOTHÈQUE NATIONALE
R. F.
IMPRIMÉS.

Jusqu'à ce jour le capital et la main d'œuvre se sont constamment trouvés isolés, et leur isolement a souvent été accru par la division de la puissance intellectuelle. Le morcellement de ces trois forces créatrices a donné lieu et donnera nécessairement lieu à des divisions intestines d'autant plus intraitables qu'elles auront pour motif incessant l'égoïsme et l'intérêt personnel.

De ces luttes sont nées les divisions et les fractionnements : dans les moments critiques comme ceux que nous venons de traverser, le capitaliste s'empresse de faire défaut, car dans sa conviction c'est le seul moyen de sauvegarder sa fortune, son retrait entraîne la suspension du travail; or, comme le travail est l'aliment et le pain de vie du peuple dont toutes les ressources sont dans son activité, il en résulte un chômage qui, pour le travailleur, est la ruine. De là ces divisions en castes opposées qui, loin de se réunir au jour du danger, transforme un peuple de frères en suspects et en ennemis.

Il devient donc nécessaire, pour le salut de la patrie et pour la tranquillité de tous, de détruire cet antagonisme, pour édifier sur ses ruines la confiance, la sympathie et le bonheur.

Afin de faciliter cette transformation, rappelons d'abord pour l'honneur du peuple que le plus souvent l'intelligence est le lot du travailleur..... non point l'intelligence spéculative, mais la science productive, celle qui, appliquée aux arts et à l'industrie, ne cesse d'en décupler la valeur en leur ouvrant de nouveaux débouchés et en en rendant le travail plus facile et plus honorable.

Unissons donc le travail et le capital, et sachons qu'avec un pareil faisceau pour levier la prospérité de la France deviendra le prix de la stabilité de sa constitution et de la supériorité de son industrie. Ainsi constitué, le commerce pourra garantir à tous les travailleurs le développement de toutes leurs facultés dans le bien-être et la sécurité pour l'avenir.

Pour obtenir ce résultat, organisons le travail par l'association des producteurs. Pour l'application de ce système, il est urgent que le gouvernement veuille bien en prendre l'initiative sans altérer ses capitaux ni augmenter ses dépenses; au contraire, il en recevra un bénéfice considérable. Par les moyens ci-après détaillés, j'espère l'en convaincre.

Après que l'assiette de l'impôt sera établie, qu'il décrète un impôt de centimes industriels sur les dix millions des plus forts imposés; à chacun une minime somme de dix centimes par jour, soit trente-six francs par année répartis au marc le franc de chaque quote, qui produirait, sans augmentation de frais de perception, une somme annuelle de 360 millions de francs, sur laquelle on prélèverait celle de 60 millions par année applicable à l'instruction des enfants pauvres, et diviserait les 300 millions à la création d'ateliers nationaux dans chaque département où il existe de grandes branches industrielles, et à chacun selon l'importance de son industrie, l'activité des grandes industries fait prospérer toutes les industries secondaires. Il suffirait de créer dans chaque département un ou deux ateliers à chaque industrie dominante. Ainsi dans celui du Rhône, un atelier de soierie dont le siége serait à Lyon où est le centre de cette industrie, favorisée par les eaux propices à la teinture, les ouvriers, et de nombreux ustensiles et magasins de vente ; il y existe des locaux assez vastes pour créer les comptoirs et magasins de fabrique que le gouvernement pourrait louer ou acquérir, n'ayant nullement besoin d'y admettre des ouvriers ; les chefs d'atelier, ouvriers tisseurs, teinturiers, dessinateurs, dévideurs, ourdisseurs, etc., ayant tous leur domicile respectif dans lequel ils peuvent sans inconvénients continuer d'habiter, il est même nécessaire qu'il en soit ainsi afin de ne pas préjudicier considérablement à l'immeuble en diminuant son revenu, perte qui tomberait sur la société toute entière ; d'ailleurs l'ouvrier n'aurait aucune raison valable de quitter son habitation, puisqu'étant associé au commerce et participant aux bénéfices, il pourrait facilement payer sa location.

Un autre atelier de filature et de tissage de coton, le tissage en tous genres, et la filature des numéros 25 et au-dessous, les filés des numéros supérieurs peuvent être établis dans les départements où ils se fabriquent actuellement, qui les produisent à des prix plus avantageux que celui du Rhône, dans lequel il en existe déjà qui peuvent alimenter une partie du tissage. Il conviendrait que cet atelier national fut créé aux environs de Thizy, où les ouvriers habitués à ce genre de travail sont nombreux et capables. Pour cet atelier, il serait nécessaire de faire construire un vaste bâtiment distribué convenablement pour y établir des fabriques de peignes, lisses, teinture, cuisage, collage des cotons, bobinages, ourdissages, etc., et une partie du tissage, le surplus pourrait s'effectuer chez les divers ouvriers qui feraient partie de l'association quoique résidants dans leur domicile. Dans la même construction, on établirait une pension pour la nourriture et le logement des ouvriers sans domicile, ainsi qu'une usine à gaz qui servirait non-seulement à l'éclairage des salles de l'atelier, mais aussi à leur chauffage par calorifères, et par le même feu au cuisage, collage et teinture des cotons, et fourneaux de la cuisine ; moyen duquel ressortirait une grande économie pour les ateliers rapprochés des mines de charbon. Néanmoins, l'ouvrier sera libre de se nourrir et de loger ailleurs si bon lui semble.

Mode d'administrer les Ateliers.

Le gouvernement nommerait un délégué ou commissaire, et deux sous-commissaires, pour la direction et la manipulation des capitaux, qui du reste devraient rester entre les mains du receveur-général du département, qui serait tenu, au fur et à mesure des besoins, d'acquitter les mandats tirés sur lui par les susdits délégués, tous les trois responsables;

ces mandats, à courts jours ou à vue, devront être faits sur papier-vignette créé à cet effet, et revêtu de l'application d'une griffe *ad hoc* à chaque atelier ; le nombre des employés reconnus capables et loyaux serait illimité et proportionné aux besoins de l'industrie ; ils recevraient annuellement un salaire depuis six cents jusqu'à trois milles francs, payable mensuellement.

La Société se créera pour arbitres, trois chefs d'atelier ou contre-maîtres, trois premiers commis des plus intelligents et des plus salariés, trois ouvriers travaillant sur les métiers ; ces neuf arbitres se réuniront chaque fois qu'il en sera jugé nécessaire par les commissaires, lesquels, en cas de discordance entre lesdits arbitres dans la solution des questions qui leur seront soumises, prononceront en dernier ressort. Lesdits arbitres seront révocables chaque année et pourront être réélus par décision des membres de la Société, et les commissaires par décision du gouvernement.

Il sera établi un tarif de minimum fixant les prix de façon et de tous genres de travail au mètre et au kilo, par lequel l'ouvrier de moyenne valeur obtiendra un salaire d'environ trois francs par journée, composée de douze heures de travail depuis le 1er avril jusqu'au 30 septembre, et de onze heures depuis le 1er octobre jusqu'au 31 mars ; il sera facultatif à l'ouvrier qui travaillera dans son domicile d'en ajouter, mais non d'en supprimer, sans au préalable avoir gagné trois francs.

Chaque ouvrier sera nanti d'un livret coté et paraphé au premier et dernier feuillet, par l'un des commissaires, sur lequel il sera soigneusement enre-

gistré les quantités et qualités des matières qui
lui seront délivrées, ainsi que celles qu'il aura ren-
dues fabriquées et le prix des façons ; ces livrets
devront toujours être d'accord avec le livre de fabrication, sur lequel chaque ouvrier aura compte ou-
vert par débit et crédit de matières reçues et ren-
dues ; il sera imposé une amende à chaque ouvrier
qui, par négligence ou incapacité, aurait fait des
fautes dans la confection du travail qui lui aurait
été confié ; cette amende équivaudra à la moitié du
préjudice qu'il aura occasionné, et en cas de plusieurs récidives il sera rayé de l'association, comme
encore si faute d'aptitude il ne parvenait pas à
gagner trois francs par journée.

Il sera établi par les commissaires un règlement
disciplinaire dans chaque salle de l'atelier, auquel
chaque sociétaire, dans l'intérêt de tous, sera obligé
de se conformer.

On maintiendra aux ouvriers autant que possible
les mêmes articles de fabrication, afin qu'il y ait
moins d'interruption dans le travail, et pour éviter
les dépenses d'ustensiles et autres frais accessoires
que nécessitent ces divers changements ; néanmoins,
après un certain laps de temps, à l'ouvrier devenu
très habile sur tel ou tel travail, on pourrait
donner d'autres articles à confectionner afin de
stimuler son intelligence et le rendre capable sur
divers articles de fabrication, et ainsi le mettre
dans le cas d'obtenir une plus-value de la somme
fixée pour la journée et l'utiliser à divers travaux.

La distribution du travail de l'atelier de soierie
peut avoir lieu comme précédemment, à l'exception
que les pièces ourdies seront délivrées directement

à l'ouvrier tisseur qui en sera responsable, et recevra le prix des façons en rendant la marchandise fabriquée, et non comme actuellement, délivrées à des chefs d'atelier qui, pour parer à des frais de changement du travail, s'emparent de la moitié des façons.

La distribution du travail de l'atelier de filature, tissage, etc., de coton, aura lieu par les employés de la maison centrale ; la matière première sera livrée aux commis ou contre-maîtres dirigeant le travail chacun dans leur commune respective ; ils seront responsables de ce qui émane de l'atelier et seront chargés de la surveillance et de la tenue exacte des livrets de chaque ouvrier placé sous leur direction, ainsi que de la bonne confection des marchandises, et seront passibles des amendes et manque de matières, après soustraction des déchets alloués à chaque matière, et auront recours contre leurs dits ouvriers ; le montant de ces amendes sera porté au crédit du compte des profits et pertes de l'association.

Il sera fait un inventaire général chaque année, le livret de chaque ouvrier, sur lequel tous ses travaux seront inscrits, servira de base de sa production, ainsi que les appointements de chaque employé.

Les commis à appointements au-dessous de trois mille francs seront sujets à augmentation suivant leur dévoûment et leur intelligence. Les honoraires du commissaire seront de cinq mille francs, ceux des sous-commissaires de quatre mille francs chacun, ceux du caissier responsable de trois mille cinq cents francs, et ceux du teneur de livres de trois mille francs ; ainsi , chaque ayant–droit aura un chiffre déterminé qui servira de base de son apport ou de sa production à l'association et aux bénéfices de l'inventaire , qui seront répartis à chacun au marc le franc.

Il sera créé une caisse de réserve destinée à pourvoir aux besoins des travailleurs malades pendant l'année, et à fournir, avec le temps , un capital qui puisse procurer à l'ouvrier, qui aura travaillé dans l'association pendant un laps de temps déterminé et qui par l'âge ou les infirmités serait dans l'impossibilité de travailler , une rente viagère proportionnée au temps pendant lequel il aura fait partie de l'association ; cette rente pourrait être fixée à deux cents francs pour un travail de dix ans , quatre cents francs pour celui de vingt ans , cinq cents francs pour vingt–cinq ans et six cents francs pour un travail de trente ans ; cette rente pourrait être réduite ou augmentée selon la production de l'ouvrier ; le capital de cette caisse de réserve sera établi par l'intérêt à 5 p. 0/0 du capital espèces fourni à l'association par le Gouvernement ; cet intérêt sera capitalisé chaque année à l'inventaire, et ainsi se grossira par l'apport annuel des capitaux et par l'intérêt des intérêts.

Il sera facultatif à tous les associés de déposer à la caisse d'association leurs économies et les capitaux qui pourraient leur survenir soit par héritage ou succession ; en cas de décès de l'un des associés sans dispositions testamentaires, l'avoir du décédé appartiendra à ses parents jusqu'au troisième degré ; mais passé ce troisième degré , l'actif du sociétaire appartiendra de plein droit à la Société. Si le décédé laisse des héritiers , ces derniers ne pourront exiger le montant de l'hoirie qu'après inventaire et liquidation de la Société , dont le décédé faisait partie ; néanmoins, il sera facultatif aux héritiers de traiter, transiger avec les arbitres et commissaires de ladite Société.

Chaque négociant , capitaliste et autres , concourant ou voulant concourir à la production, sera, par un apport et réunissant les qualités et capacités requises , admis à faire partie de l'association , et obtiendra un emploi conforme à ses ressources et à son intelligence ; pour faciliter l'admission des producteurs ayant rapport aux produits des ateliers nationaux , et dont le commerce est basé sur un capital quelconque , ces négociants soumettront leur inventaire et comptabilité aux commissaires et arbitres qui estimeront la valeur de l'actif et du passif desdits négociants , et , d'accord avec eux sur le montant de leurs apports , leur en donneront , au nom de l'association , récépissé , et se chargeront du paiement de la dette de leur ancien commerce. Tout commerçant capable, avec un apport de vingt-cinq mille francs , aura droit à un emploi dont les honoraires seront proportionnés selon son importance , en se conformant bien entendu aux statuts et règlements de l'atelier.

Il résulterait du tarif de minimum , par lequel l'ouvrier assidu à son travail obtiendra une journée de trois francs sans préjudice de sa plus-value et du bénéfice à l'inventaire ; il en résulterait , dis-je , que le négociant qui ne voudrait pas au début apporter ses capitaux à l'atelier national , n'obtiendrait le bon ouvrier qu'en lui payant au moins le taux du minimum et même davantage ; car l'ouvrier, recevant le même salaire de l'atelier national, sans préjudice du bénéfice de l'association, préférera toujours donner son industrie au Gouvernement qui le favorise et l'occupe toute l'année sans faire peser sur son existence le chômage et l'exploitation de l'homme par l'homme.

Les capitaux s'augmentant chaque année par l'impôt et le bénéfice du commerce, il sera facile au Gouvernement de n'écouler ses marchandises que lorsque la vente en sera productive, au lieu que le négociant d'aujourd'hui, dont la majeure partie travaille sous le sceau de la confiance, est souvent obligé de sacrifier son bénéfice et quelquefois davantage pour faire honneur à ses engagements, afin de maintenir cette confiance sur laquelle s'exerce son industrie, et qu'il finit par perdre après avoir anéanti son avoir et compromis la fortune de ceux avec lesquels il était en rapport, et termine par une faillite où souvent par la fraude il parvient, aux dépens d'autrui, à se récupérer de sa perte ; il reste donc debout le négociant qui possède des capitaux qui, par suite de la marche lucrative et fleurissante de l'atelier national, se développant sous ses yeux, comprendra facilement que son intérêt commande d'y joindre ses capitaux, et s'il le veut obtenir un emploi dans l'administration qui pourrait même utiliser ses magasins et continuer d'alimenter sa clientelle ; il sera contraint de convenir que si vingt maisons de commerce, faisant chacune pour un million d'affaires par année, ont à supporter pour quatre-vingt mille francs de frais généraux annuels occasionnés en partie par le luxe et la concurrence intérieure, que si ces vingt maisons se réunissaient en une seule, cette maison opérerait sur le même chiffre d'affaires avec moitié frais généraux ; que par ce fait seulement les vingt négociants obtiendraient une plus-value, en bénéfice, de huit cent mille francs par année sur un capital d'environ dix millions.

Ces négociants viendront donc sous peu d'années apporter leurs capitaux et leur industrie à l'atelier national. Ainsi toutes les grandes industries seraient réunies en une seule et même maison, sous le patronage de l'Etat, lequel, pour faciliter l'écoulement des produits, nouerait des relatinns commerciales avec les puissances étrangères sur de nouvelles bases, afin de favoriser les fabriques françaises, grande source de la richesse nationale. En outre de ces avantages, par l'amélioration de toute la société et principalement de la classe ouvrière qui, depuis nombre d'années, est obligée de se priver d'achats de linge de table et d'habillements dont il ne lui reste plus rien, par suite du changement notable de sa position, pourrait et ne demanderait pas mieux que de consommer une partie considérable des produits des fabriques de toile, de fil, de coton, nouveautés en tous genres et soieries.

Il ne faut donc, pour arriver à une complète réforme industrielle, qui produirait une augmentation considérable sur la valeur immobilière, bien-être, sécurité, liberté, égalité, fraternité, solidarité à tout et pour tous, que la création d'une centaine d'ateliers nationaux dans tous les départements où il s'exerce de grandes branches industrielles, lesquels loin d'être, ainsi que je l'ai dit, onéreux au Gouvernement, lui rapporterait un bénéfice immense et anéantirait toute concurrence à l'intérieur, ainsi que ces divisions intestines qui séparent le travailleur du négociant, et forme de la société deux camps ennemis l'un de l'autre.

La concurrence étrangère pourrait être grandement diminuée par le remaniement du système douanier; elle est d'ailleurs peu à craindre pour les articles de choix des soieries fabriquées à Lyon, dont les eaux favorise la teinture et donne des couleurs variées plus vives et mieux tranchées que partout ailleurs ; que l'on confronte une pièce de soierie premier choix des fabriques de Lyon avec une pièce de même matière n'importe de quelle fabrique étrangère, on reconnaîtra une différence considérable non-seulement dans la confection , mais principalement dans la vivacité des couleurs et d'un lustre qui lui donne une valeur de 12 à 15 p. 0/0 de plus ; la rubannerie de St-Etienne obtient un avantage d'une valeur presqu'égale ; les tissus de coton et nouveautés n'ont de concurrence sérieuse que celle d'Angleterre, qui, si nous maintenons nos prix , en profitera pour augmenter ses bénéfices ; d'ailleurs, quel que soit le revers de la médaille , il serait largement compensé par l'importance de l'amélioration.

Pour rendre presqu'égales les charges de la ville et de la campagne , il est indispensable que le Gouvernement abolisse les droits d'entrées en ville des viandes , vin ordinaire et sur tous les objets servant à l'alimentation des travailleurs , ainsi que les impôts des portes et fenêtres , quote personnelle et valeur locative sur les locations au-dessous de six cents francs, et les remplacer par l'impôt progressif et sur les objets de luxe, tels que voitures à un ou plusieurs chevaux et autres, droits d'entrées sur les vins fins, poissons, marée, etc........ Par l'affranchissement des entrées sur les produits de première nécessité alimentaire, la nourriture de l'ouvrier s'obtiendrait à meilleur marché à la ville qu'à la campagne, par rapport aux quantités qui s'y amoncellent, principalement en fruits et légumes de tous genres qu'on obtient à prix inférieur à Lyon qu'aux campagnes, à cinquante kilomètres de distance ; un autre avantage majeur ressort du produit des abattoirs et de la triperie, tels que gras-double, pieds de bœufs, de veaux, de moutons, cœurs, têtes, cervelles, etc., avantage qui n'existe pas à la campagne, mais qui pourrait être établi dans un atelier national où une grande agglomération d'ouvriers serait nécessaire.

Pour faciliter la conception de l'ouvrier des avantages qu'il obtiendra par l'association, je soumets ci-dessous un aperçu d'inventaire sur un chiffre médiocre, déterminant le bénéfice de chaque ayant-droit au marc le franc de son apport et productions en tous genres.

Admettons qu'avec un capital de deux cent mille francs nous ayons fait un chiffre d'affaires de trois cent mille francs, sur lequel nous ayons obtenu un bénéfice net de vingt-deux mille quatre cents francs. Ce capital industriel est composé ainsi qu'il suit, savoir :

	fr.	c.		fr.	c.
Espèces.	124,400	»	Bénéfice du capital espèces, ...	13,932	80
Honoraires du commissaire	5,000	»	— du commissaire	560	»
— des deux sous-commissaires . .	8,000	»	— des deux sous-commissaires. .	896	»
1er Commis	2,300	»	— du 1er commis	257	60
2e —	2,250	»	— 2e —	252	»
3e —	2,150	»	— 3e —	240	80
4e —	1,850	»	— 4e —	207	20
5e —	1,500	»	— 5e —	168	»
Ouvriers produits.	1,250	»	— des ouvriers. ,	140	»
— —	1,350	»	— —	151	20
— —	1,400	»	— —	156	80
— —	1,550	»	— —	173	60
— —	1,700	»	— —	190	40
— —	1,750	»	— —	196	»
— —	1,800	»	— —	201	60
— —	1,850	»	— —	207	20
— —	1,900	»	— —	212	80
— —	2,000	»	— —	224	»
— —	2,050	»	— —	229	60
— —	2,100	»	— —	235	20
— —	2,150	»	— —	240	80
— —	2,200	»	— —	246	40
— —	2,250	»	— —	252	»
— —	2,300	»	— —	257	60
— —	2,350	»	— —	263	20
— —	2,400	»	— —	268	80
— —	2,450	»	— —	274	40
— —	2,500	»	— —	280	»
— —	2,550	»	— —	285	60
— —	2,600	»	— —	291	20
— —	2,650	»	— —	296	80
— —	2,700	»	— —	302	40
— —	2,750	»	— —	308	»
	200,000	»			
Bénéfice général. .	22,400	»	Bénéfice général . .	22,400	»

Ainsi , vingt-cinq ouvriers auraient produit et reçu pendant le courant de l'année une somme de 52,550 fr. , et recevraient en bénéfice une autre somme de 5,885 fr. 60 c. ; ils ont donc gagné, indépendamment de l'avantage de la caisse de réserve à laquelle ils ont droit en cas de maladie, une moyenne chacun de 2,337 fr. 42 c. 40 centièmes de centime. Les paiements des bénéfices auront lieu ainsi qu'il est expliqué ci-après. Lorsque divers capitalistes et négociants seront devenus actionnaires des établissements nationaux, il leur sera facultatif, ainsi qu'à chaque associé, de toucher tout ou partie de l'intérêt de leurs capitaux et moitié de leurs bénéfices après chaque inventaire, l'autre moitié des bénéfices sera annexée aux capitaux jusqu'au retrait de l'un ou de plusieurs de ces associés qui, dans ce cas, traiteront, si bon leur semble, avec les arbitres et commissaires, ou attendront pour recevoir que la liquidation de la Société, de laquelle ils faisaient partie, soit effectuée. Tous les associés, commissaires, commis et ouvriers se conformeront et seront réglés à leur sortie de la même manière et mode de paiement, et ainsi pour tous sans exception.

Les bénéfices que le Gouvernement obtiendrait, s'augmentant chaque année, pourvoiraient à une majeure partie de ses besoins, et lui permettrait d'améliorer de plus en plus le système douanier, et ainsi favoriserait progressivement l'industrie, et en peu de temps amènerait une diminution considérable sur toutes sortes d'impôts.

Ce système d'organisation du travail établirait une entente entre tous les ayant-droit, qui contribuerait au bon ordre et à l'harmonie de la grande famille, et stimulerait l'instruction de la classe ouvrière qui voudrait, par elle-même et chacun en son particulier, se rendre compte du bénéfice de son travail , ce qui lui serait facile par le livret sur lequel la totalité de sa production ainsi que les sommes reçues seraient inscrites.

Pour l'organisation du travail des corps d'état, dont les produits ou marchandises ont une valeur presqu'invariable , il serait formé , dans chaque chef-lieu de département, une commission dont les membres seraient fourni par chaque corps d'état tant en maîtres qu'en ouvriers , laquelle nommerait son président et fixerait les prix suivant la quantité de tel ou tel travail , ou par un tarif qui déterminerait la quantité d'heures de travail et le prix de la journée ; cette commission se réunirait chaque semaine et statuerait sur les difficultées qui s'élèveraient entre le maître et l'ouvrier ; elle serait rétribuée par l'Etat ; sa jurisprudence s'exercerait gratuitement ; il lui serait adjoint un ou plusieurs huissiers , qui seraient salariés par le coût de l'exploit aux frais de ceux qui utiliserait leur ministère.

Salut et fraternité.

C.-M. SARGNON.

LYON. -- Imprimerie de veuve AYNÉ, rue Mercière, 44.

www.ingramcontent.com/pod-product-compliance
Lightning Source LLC
LaVergne TN
LVHW050249030726
842520LV00006B/2261